ENGHIEN

ET

LA VALLÉE DE MONTMORENCY

PARIS (vue prise du pont du Carrousel).

ENGHIEN

ET

LA VALLÉE DE MONTMORENCY

Par EUGÈNE GUINOT (Pierre Durand)

PRÉCÉDÉ D'UNE DESCRIPTION HISTORIQUE DU PARCOURS
DU CHEMIN DE FER DU NORD

Illustré de 18 Dessins par Daubigny

PARIS

ERNEST BOURDIN, ÉDITEUR

51, RUE DE SEINE

Et dans toutes les Stations des Chemins de Fer.

1847

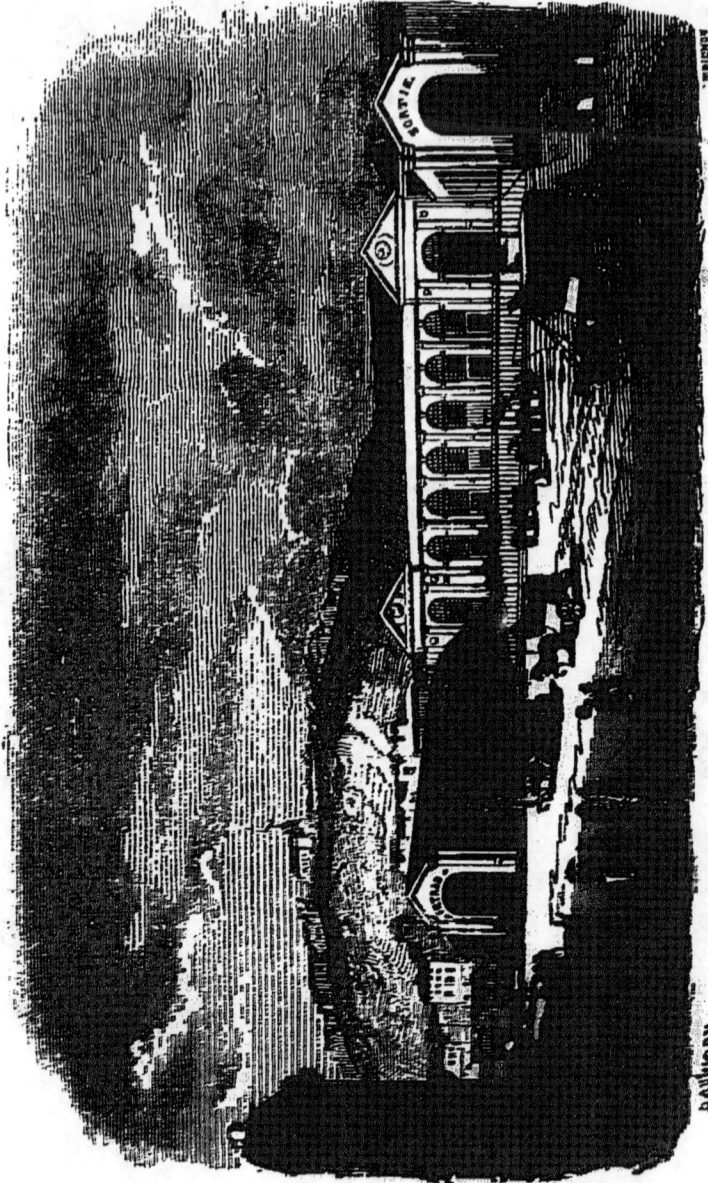

VUE EXTÉRIEURE DE L'EMBARCADÈRE DU NORD.

Sannois

St Leu

St Gratien

Étang de Montmorency

Enghien les Bains

Station

du

la Barre

Chevreuse

Deuil

Montmagny

Carrière

MONTMORENCY

St Radegonde

Chau de la Chasse

Mamine

Domont

Calais

Lith. Bineteau 3te Sorbonne.

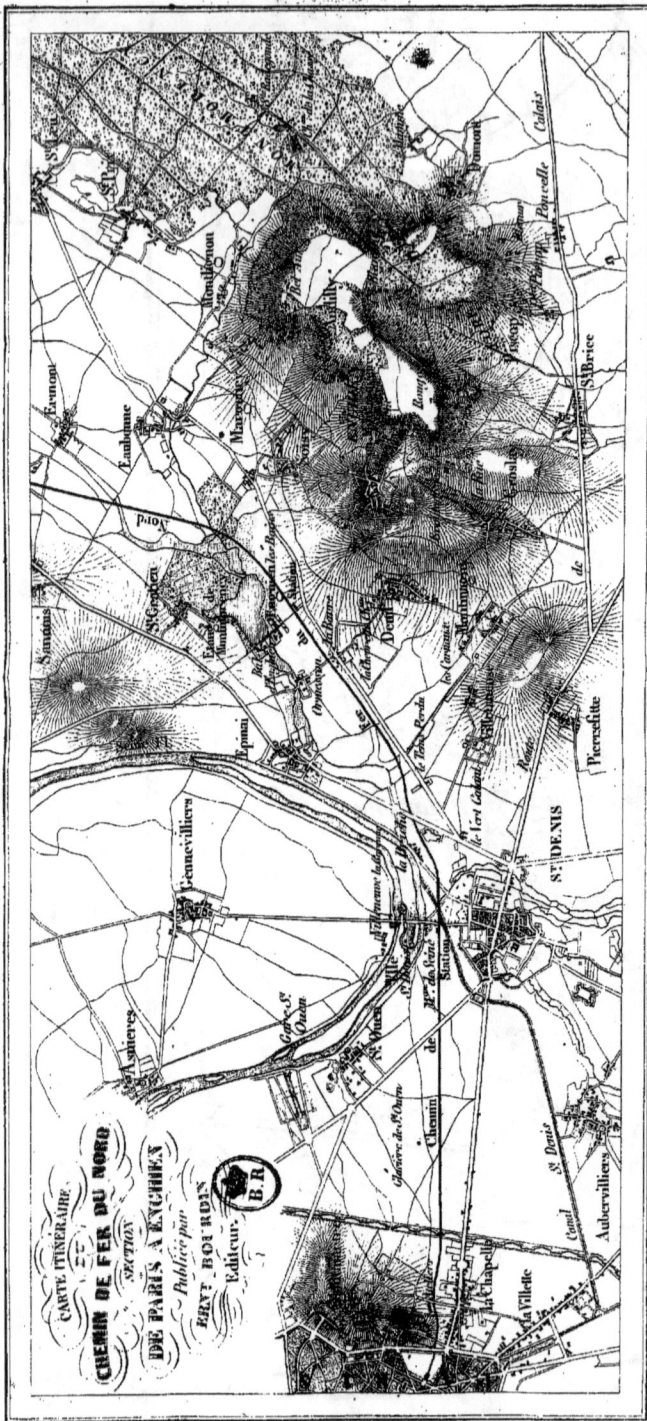

CARTE ITINÉRAIRE.

CHEMIN DE FER DU NORD

SECTION

DE PARIS A ENGHIEN

Publiée par

ERNt BOURDIN

Éditeur.

B.R

ST DE NIS

Lith. Bineteau H.E. Orlaussi.

Dessiné et gravé par Just fréd. Avril

AVANT-PROPOS.

On se souvient quel événement a été dans le monde financier la concession du chemin du Nord, et avec quel empressement, quelle fureur, on rechercha, on sollicita, on s'arracha les actions de cette ligne à nulle autre pareille. Jamais la spéculation ne fit un rêve plus splendide; jamais entreprise ne promit plus de monceaux d'or. Il en fut pour les actions de ce chemin, comme pour les actions de la banque de Law, du temps de la régence. Quiconque put obtenir seulement une vingtaine d'actions dans ce bienheureux chemin crut sa fortune faite, comme jadis celui qui obtenait quelques actions du Mississipi. C'était un véritable délire qui se manifestait en calculs extravagants. Pour avoir ces précieuses actions, que ne fit-on pas? Ce furent les manœures du temps de Law, avec le perfectionnement de notre époque. Aucun souverain de l'Europe ne fut adulé, sollicité, caressé, comme M. de Rothschild, au moment où les actions du chemin du Nord se répandirent au pair sur la place. Avoir des actions au pair était le vœu, le but, l'unique pensée de tous les poursuivants de la fortune. On ne s'abordait plus qu'en demandant: « Avez-vous du Nord? » Ceux qui pouvaient répondre « oui » étaient les heureux; ceux qui n'avaient pas pu en avoir au pair en achetaient à tout prix, ce qui éleva promptement la hausse à un taux magnifique.

Aujourd'hui, l'exagération est tombée d'elle-même, succombant sous son propre poids; les actions du Nord ont perdu la valeur prématurée qu'elles devaient à l'aveuglement de la vogue; quitte à reprendre un cours plus élevé qu'il ne l'a jamais été, lorsque ses produits auront acquis tous leurs développements.

Vestibule de l'embarcadère.

DÉPART.

L'EMBARCADÈRE. — MONTMARTRE. — LA CHAPELLE-SAINT-DENIS. — SAINT-OUEN. — SAINT-DENIS. — L'ABBAYE DE SAINT-DENIS.

Vaste, commode, parfaitement distribué, l'embarcadère du chemin du Nord offre aux voyageurs de belles salles d'attente, de spacieuses galeries, de faciles dégagements. — Mais ce n'est pas ici le lieu de décrire cet édifice, ni de rendre hommage au bon ordre et à l'expéditive régularité de son administration. C'est au sortir de l'embarcadère que nous entrons dans notre sujet.

Le signal est donné, la vapeur siffle, la cheminée

VUE INTÉRIEURE DE L'EMBARCADÈRE DU NORD.

de la locomotive s'empanache d'une ondoyante fumée. — Nous partons.

Nous laissons derrière nous Montmartre, — le Mont des Martyrs ; — d'autres disent le mont de Mars, parce qu'il fut consacré à ce Dieu par un autel ou par une caserne ; — mais la première étymologie est la mieux accréditée ; la colline fut appelée Mont-des-Martyrs, parce qu'en ce lieu furent immolés, saint Denis, saint Rustique et saint Éleuthère, martyrs de la foi chrétienne, victimes du paganisme expirant.

La légende, naïve outre mesure, prétend que saint Denis, après avoir eu la tête tranchée, se baissa, ramassa sa tête, la prit dans ses deux mains, l'appuya contre sa poitrine, et s'en alla ainsi équipé vers le lieu où l'on plaça sa tombe et où s'élevèrent plus tard l'église, l'abbaye et la ville qui portent son nom.

Une version encore plus naïve de cette légende déjà si étrange, ajoute que, dans le trajet, saint Denis, qui portait sa tête dans ses mains, baisa plusieurs fois cette tête qu'il avait si bien le droit de chérir. L'action de ce baiser est assez difficile à expliquer, mais qui est-ce qui ferait des choses extraordinaires si ce n'étaient les saints ? Et d'ailleurs, en fait de légende, il n'y a que la foi qui sauve.

Les voyageurs du chemin de fer font le trajet que

MONTMARTRE ET LA CHAPELLE-SAINT-DENIS.

parcourut le saint martyrisé. Et certes, dans le temps où eut lieu le supplice de saint Denis, on eût trouvé beaucoup moins extraordinaire le cadavre marchant sa tête à la main, — et lui donnant des baisers, — qu'un chapelet de diligences et de wagons entraînés par la locomotive fumante sur le double rail du chemin de fer.

La voie traverse La Chapelle-Saint-Denis, qui est un des faubourgs de Paris. Son nom était d'abord La Chapelle-Sainte-Geneviève, parce que cette sainte, patronne de Paris, faisait là une station, dans ses fréquents pèlerinages au tombeau des martyrs.

C'est à La Chapelle que naquit un des poëtes les plus aimables du temps passé, le poëte Chapelle, qui prit le nom du lieu de sa naissance, et qui nous a laissé la charmante description du voyage qu'il fit avec Bachaumont.

Un instant suffit pour traverser la plaine Saint-Denis, si chère aux bourgeois parisiens, lorsque arrive l'époque de l'ouverture de la chasse. Alors on voit se répandre dans cette plaine une foule de chasseurs bizarrement accommodés, honnêtes citadins, qu'un moment d'enthousiasme lance dans les exercices de la vénerie. Ce sont, pour la plupart des figures dignes de Callot. Rien n'est plus étrange que leur équipage de chasse. Quelques-uns chassent avec leur fusil de garde national, faute d'en avoir un plus léger ; d'autres se font escorter par leur carlin en guise de meute. Ils se mettent deux sur un moineau. Ils passent une journée à chercher un lièvre fantastique. Ils rêvent faisan, et ils rapportent un chardonneret.

A l'extrémité de la plaine est le canal de l'Ourcq, théâtre d'un autre exercice. C'est là que pendant l'hiver les patineurs viennent donner à une foule de curieux le spectacle de leurs rapides évolutions.

Ce parc dont vous apercevez là-bas les frais ombrages, est le parc du château de Saint-Ouen. Le village de Saint-Ouen est ainsi nommé de ce qu'en ce lieu mourut, au VIIe siècle, un évêque de Rouen, nommé Ouen, qui fut canonisé. — Charles de Valois, frère de Philippe-le-Bel, eut à Saint-Ouen une maison qui entra dans le domaine de la couronne de France, que le roi Jean nomma la *Noble Maison*, et où il institua un ordre de chevalerie, qui devint célèbre par la sagesse de sa règle, la magnificence de son costume et l'illustration des personnages qui en firent partie. Dans le siècle dernier, on remarquait à Saint-Ouen, le château du prince de Rohan, qui devint plus tard la propriété du ministre Necker; celui du duc de Nivernois si renommé par la grâce de son esprit; et le château seigneurial où se donnaient de brillantes fêtes, célébrées dans les mémoires contemporains.—Madame de Pompadour acheta la terre de Saint-Ouen au duc de Guise. — En 1814, le nom de Saint-Ouen devint historique, lorsque Louis XVIII, revenant de l'exil, s'arrêta, le 2 mai, au château seigneurial, et que le sénat lui présenta la charte constitutionnelle. Deux années après, le château de Saint-Ouen fut démoli et reconstruit bientôt avec une grande magnificence. Le domaine restauré eut pour propriétaire madame la comtesse du Cayla, qui, toute dévouée à la restauration, donnait une fête au château tous les ans, le 2 mai, pour célébrer l'anniversaire du jour où Louis XVIII y était entré. Ce jour-là, les portes du château s'ouvraient à une foule immense, et madame du Cayla disait ces paroles consignées dans les chroniques d'il y a vingt-cinq ans : — « Saint- « Ouen, le 2 mai, appartient à toute la France; et « ce jour-là je n'en suis pas le propriétaire, je n'en « suis que le concierge. »

Nous arrivons d'abord à la station de Saint-Denis, qui est la première du chemin du Nord.

Après que les martyrs Denis, Rustique et Éleuthère eurent été décapités à Montmartre, on les inhuma dans un champ, où fut construite depuis l'église, autour de laquelle se groupa la ville qui prit le nom de Saint-Denis.

Ce champ appartenait à une dame gauloise que saint Denis avait enlevée au culte des faux dieux et convertie à la religion chrétienne. La légende écrite par Hilduin, abbé de Saint-Denis, raconte qu'après le supplice des trois martyrs, cette dame se rendit

STATION DE SAINT-DENIS.

sur le lieu de l'exécution, où les cadavres étaient restés couchés sur le sol et confiés à la garde de quelques soldats; elle invita ces gardiens à boire, elle les enivra, et lorsqu'ils eurent perdu l'usage de la raison, elle appela ses domestiques qui s'emparèrent des trois cadavres; puis, de ses propres mains, la pieuse chrétienne revêtit de leurs habits ces corps mutilés, et leur donna la sépulture.

Comme la plupart des établissements religieux dont l'origine remonte à une époque reculée, l'abbaye de Saint-Denis fut fondée par expiation. Dagobert, — qui fut depuis le bon roi d'une chanson populaire, — était un jeune homme indocile et emporté. Il avait un gouverneur dont la sévérité lui déplaisait. En l'absence du roi Clotaire II, son père, le prince résolut de se venger du maître qui lui donnait de trop rigides leçons, et de le punir à son tour en lui coupant la barbe, ce qui était de ce temps-là une peine infamante.

Les princes ne rasent pas comme les barbiers, ils ont des manières à eux; et Dagobert rasa son gouverneur de si près qu'il lui emporta le menton avec la barbe. Sa colère étant calmée par la violence de l'action, le prince songea que son père, au retour, lui demanderait compte de sa conduite, et, pour échapper à cette justice paternelle dont il connaissait le poids et la mesure, il se réfugia dans la chapelle construite sur la tombe des trois martyrs.

Cette chapelle était un lieu d'asile : on épargnait l'assassin vulgaire qui s'y réfugiait, on épargnait le cerf qui, poursuivi par des chasseurs venait s'y blottir ; — mais le roi Clotaire, qui voulait faire à son fils un traitement exceptionnel, ordonna aux gardes de passer outre et de se saisir du prince. Les gardes voulurent obéir et avancer ; mais alors ce fut le ciel qui se chargea de maintenir la sainteté de l'arche : chaque fois que les gardes tentèrent de franchir le seuil de la chapelle une force irrésistible les retint et rendit leurs efforts inutiles. Pendant que la Providence veillait ainsi sur lui, le jeune Dagobert, calme et confiant, s'endormit d'un profond sommeil, qui bientôt fut illuminé par une céleste vision. Saint Denis lui apparut, et lui dit ces paroles que la tradition a conservées :

« Je te garderai contre la fureur de ton père et « je te transmettrai sa couronne, à condition que tu « me feras bâtir un temple. »

Non-seulement Dagobert, reconnaissant pour les bons offices de saint Denis, lui fit bâtir une église, mais encore il voulut qu'elle fût la plus riche du monde ; il la combla de présents, il la fit resplendissante d'or et de pierreries ; il dépouilla les autres églises du royaume pour embellir sa décoration.

A côté de l'église s'éleva le monastère placé sous l'invocation du bienheureux saint Denis, et l'abbaye fut aussi richement dotée que le temple. Ses grands

VUE EXTÉRIEURE DE L'ÉGLISE SAINT-DENIS

biens lui composèrent un opulent revenu, de bonnes chartes lui assurèrent de nombreux priviléges.

Aussi, les religieux de cette abbaye, enivrés de leur opulence, appuyés sur leurs priviléges, portèrent-ils au plus haut degré l'orgueil et l'outrecuidance. Ils ne souffraient pas que les évêques entrassent dans la cathédrale de Saint-Denis avec les insignes de leur dignité. Aux funérailles du roi saint Louis, ils fermèrent les portes de l'église à l'archevêque de Sens et à l'évêque de Paris, et forcèrent ces deux prélats à aller hors du territoire de l'abbaye se dépouiller de leurs ornements épiscopaux. Les premiers moines de Saint-Denis étaient des bénédictins qui obéirent régulièrement à la discipline de l'ordre; mais bientôt la licence entra dans leur maison avec la richesse; ils mirent de côté la règle et l'obéissance; leurs mœurs devinrent dissolues; ils s'abandonnèrent à la mollesse et à la corruption, et ils affichèrent un luxe scandaleux, à ce point que le sage Suger, abbé de Saint-Denis, se faisait suivre d'un cortége de six cents chevaux, et que saint Bernard eut beaucoup de peine à le faire renoncer à ce faste insolent.

On ne saurait visiter l'abbaye de Saint-Denis, sans se rappeler le vieux cri de guerre de la chevalerie française; ce cri, répété par tant de braves soldats et de vaillants capitaines, sur tant de champs de bataille; ce cri que jetèrent dans le choc des combats tant de grands hommes de guerre, qui portaient si vaillamment le casque et l'épée. Dans la langue militaire, Montjoie était la bannière que suivait l'armée : — Montjoie Saint-Denis ! était le cri de ralliement qui amenait les hommes de guerre autour de l'étendard de Saint-Denis, cette vieille bannière des rois de France. — « Montjoie Saint-Denis ! » voulait dire à tous ceux qui portaient les armes : « Ralliez-vous autour du drapeau royal, de « l'étendard français, de l'oriflamme ! »

Cette bannière, ce fut à l'abbaye de Saint-Denis que nos armées vinrent la prendre ; — c'était le gonfanon bénit qui marchait en tête de la congrégation, lorsqu'elle allait en pèlerinage ou en guerre, car les moines de Saint-Denis étaient belliqueux autant que dévots ; ils étaient souvent en dispute, soit avec les couvents voisins, soit avec les seigneurs qui bornaient leur territoire, et dès qu'un différend les touchait de trop près, ils mettaient la cuirasse sur le froc et marchaient bravement avec les milices à leur solde pour se faire raison eux-mêmes, et soutenir à la pointe de l'épée et de la lance leur bon droit ou leur mauvaise cause.

L'oriflamme était moitié étendard militaire, moitié bannière ecclésiastique. Au sommet de la lance, un bâton transversal formait la croix et tenait suspendu le drapeau, d'étoffe vermeille, tailladée par le bas, de telle sorte que lorsque l'enseigne était déployée et en mouvement, on eût dit, tant par la couleur que par la découpure, une flamme flottant au vent.

Jusqu'au XIIe siècle, les rois de France avaient pris pour drapeau de guerre la chape de Saint-Martin ; mais, soit que cette chape se fût usée ou perdue dans un combat, soit que quelques revers éprouvés sur le champ de bataille lui eût ôté la confiance des armées, Louis-le-Gros remplaça cet étendard par l'oriflamme qu'il emprunta aux religieux de Saint-Denis, et dont se servirent les successeurs de ce roi jusqu'à Charles VI. L'oriflamme fut déployée pour la dernière fois à la fatale journée d'Azincourt. L'étendard de Saint-Denis tomba dans une défaite pour ne plus se relever.

A l'abbaye de Saint-Denis appartenaient les insignes souverains qui servaient au sacre des rois : la couronne, le surplis, la main de justice, l'épée, le collier, la robe, le manteau royal, et jusqu'aux moindres vêtements. Les ornements de la mort devenaient leur propriété aussi bien que ceux de la grandeur. Tout ce qui figurait aux funérailles des rois, des reines et des enfants de France, toute la pompe funèbre des familles royales, restait entre leurs mains.

Mais le plus beau privilége que Dagobert donna à l'église et à l'abbaye de Saint-Denis, ce fut d'en faire la nécropole des rois. Il voulut que sa dépouille mortelle y fût déposée ; ses successeurs l'imitèrent, et chacun d'eux se plut à orner et à enrichir la maison qui devait être son dernier asile. L'Église de Saint-Denis aurait bien voulu enlever à la cathédrale de Reims le privilége de sacrer les rois de France ; mais cet honneur ne lui appartint qu'une fois, lorsque le roi Pépin y fut sacré par le pape Étienne II. Entre tous les souverains qui ont régné sur la France, deux seulement, à plus de mille ans d'existence, Pépin et Napoléon, eurent cet honnneur, qu'un pape vînt exprès de Rome pour la cérémonie religieuse de leur couronnement.

La révolution ruina l'abbaye et l'église de Saint-Denis : à l'abbaye elle enleva ses domaines, ses châteaux, ses priviléges, ses redevances, ses droits féodaux ; à l'église elle prit ses ornements d'or, de vermeil et d'argent, ses crucifix, son calice et ses tables d'or massif, ses chandeliers splendidement émaillés, ses vases incrustés de pierres précieuses, étincelants de rubis, de saphirs, de perles et de topazes. Une seule émeraude du trésor de Saint-Denis était d'un si haut prix, que le roi Louis-le-Gros, dans un besoin d'argent, comme les rois de ce temps en avaient quelquefois, la donna en gage aux prêteurs ; puis, à l'échéance, n'eut pas le moyen de le dégager. Les moines de Saint-Denis firent alors la dépense pour laquelle le roi de France n'était

pas assez riche; ils rachetèrent l'émeraude, et l'abbaye posséda le joyau qui s'était détaché de la couronne de France. — L'église perdit aussi tout ce
qu'elle avait de saints ossements et de poussière des
martyrs. Et quelle église fut plus que celle de Saint-
Denis riche en reliques précieuses! elle possédait les
restes de saint Denis, saint Rustique et saint Éleuthère; — les trois corps qu'elle avait des onze mille
vierges martyrisées à Cologne: — les cheveux de la
sainte Vierge, contenus dans une fleur-de-lys d'or;
— la tête de saint Hilaire, évêque de Poitiers, avec
sa mitre, où les pierreries les plus rares étaient en-
châssées dans l'or le plus pur; — l'ornement de la
grille du chœur, une croix d'or enrichie de dia-
mants, œuvre de saint Éloy, qui était orfèvre avant
d'être le ministre de Dagobert; — la verge de fer du
gril sur lequel saint Laurent fut rôti; — un des
deux yeux qu'Ébroïn, maire du palais fit arracher
à saint Léger, évêque d'Autun, prédécesseur de
M. de Talleyrand, qu'il précéda d'environ douze
cents ans à ce siége épiscopal; — un os du prophète
Isaïe; — l'épée que saint Louis portait en Terre-
Sainte et la tasse dans laquelle il buvait les tisanes
lorsqu'il était malade; — le calice et les burettes
dont saint Denis se servait pour célébrer le sacrifice
de la messe; — une épine de la couronne de Jésus-
Christ enchâssée dans un rubis; — le reliquaire de
Charlemagne; — le corps de saint Denis; — le por-

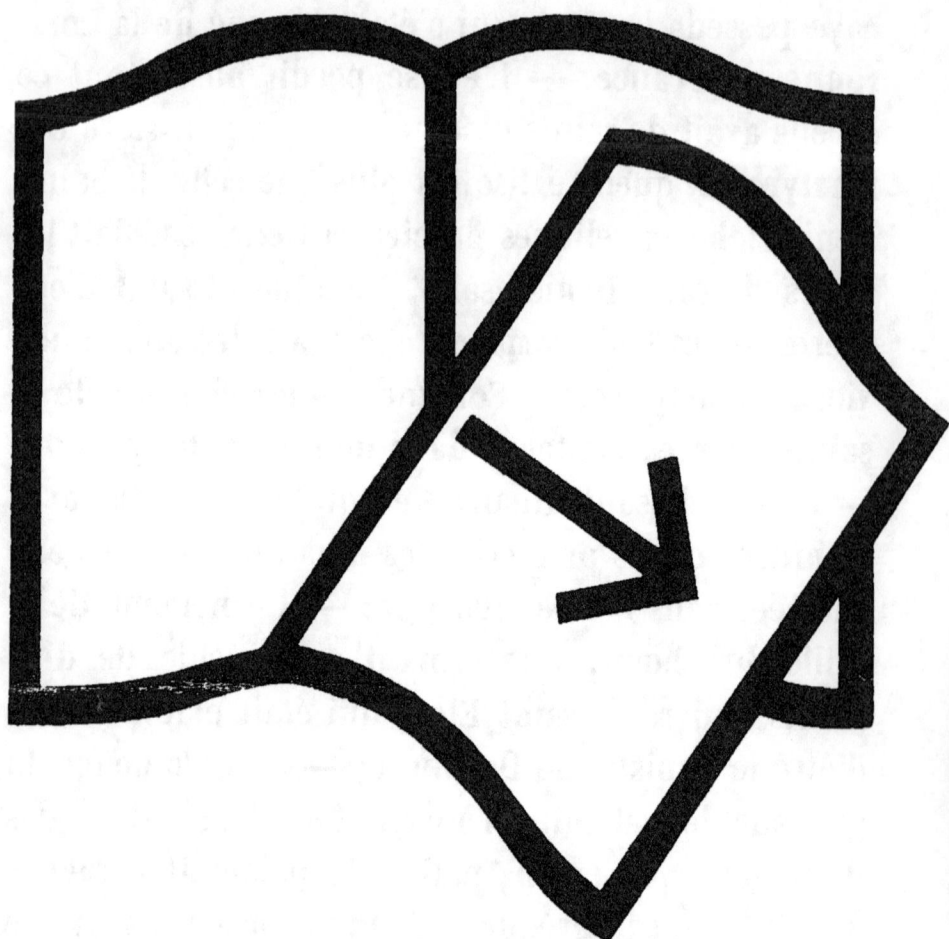

Documents manquants (pages, cahiers...)

NF Z 43-120-13

lors de la cérémonie fondamentale de la Légion-
d'Honneur, au camp de Boulogne.

Bâtie à diverses reprises, la cathédrale de Saint-
Denis est, comme modèle d'architecture, un curieux sujet d'étude. Sa façade a conservé quelques
pierres du temps de Charlemagne; la construction
de l'église, commencée par la reine Blanche et par
saint Louis, fut achevée par Philippe-Auguste.

Le magnifique clocher de Saint-Denis, qui s'élan-
çait dans le ciel d'un jet si grave et si hardi à la
fois, a disparu des hautes régions qu'il habitait. Il
menaçait ruine; on l'a démoli. Le péril a fait ce que
la terreur de Louis XIV n'aurait pas osé faire. — On
sait que l'aspect du clocher de Saint-Denis frappait
d'une impression funèbre l'âme du grand roi, lorsqu'il apercevait des fenêtres du château de Saint-
Germain le monument de sa dernière demeure, ce
clocher qui dessinait sur l'azur du ciel les mots
qu'échangent les trappistes, et qui semblait dire au
grand roi : — « Sire, il faut mourir ! »

Dans l'ancienne abbaye de Saint-Denis, on éta-
blit l'institution royale des demoiselles de la Légion-
d'Honneur.

C'est à Napoléon que cette institution est due. Il
fit de Saint-Denis une succursale de la maison im-
périale d'Écouen. Aujourd'hui la maison de Saint-
Denis occupe le premier rang. Les pensionnaires
n'y sont admises qu'à la condition de tenir par le

lien d'une parenté très-rapprochée à un membre de la Légion-d'Honneur. Les bases de l'institution, son règlement, l'instruction qu'on y reçoit, la haute intelligence qui préside à son administration, peuvent être cités comme autant d'exemples irréprochables. La société parisienne et la France entière doivent, à l'institution de Saint-Denis, des femmes très-distinguées.

Douze cents ans avant les chemins de fer, la route de Saint-Denis, où l'on ne voyageait encore qu'à pied et à cheval, était déjà fameuse par la foire du Landit, qui s'y installait en grande pompe chaque année. Les deux côtés de la route étaient bordés de boutiques, les marchands se répandaient dans la plaine, la foule encombrait le terrain de la fête, les écoliers y semaient le désordre. L'université venait en grande pompe acheter son parchemin à la foire du Landit. Il se faisait à cette fête toutes sortes d'autres commerces. La foire du Landit a perdu son éclat, son bruit, son parchemin et ses querelles, mais il en subsiste encore un vestige à Saint-Denis.

C'est dans la plaine Saint-Denis qu'était campée l'armée d'Henri IV assiégeant Paris. Le prince avait son quartier général à l'abbaye de Montmartre. Il était là, lorsque Gondi, archevêque de Paris, vint, à la tête de son clergé, le supplier d'épargner les malheureux Parisiens; et comme le prélat avait de la

peine à s'ouvrir un passage au milieu de la foule
des gentilshommes qui entouraient le prince,

— « Cette noblesse me presse bien autrement un
jour de bataille ! » lui dit Henri IV.

Puis, compatissant au tableau de misère que lui
fit l'archevêque, l'excellent prince permit qu'on
laissât sortir de la ville les bouches inutiles.

— « Qu'on les laisse venir ici, dit-il, il y a pour
eux des vivres dans mon camp. »

Comme quelques-uns de ses familiers blâmaient
cet excès de clémence qui pouvait retarder la capi-
tulation, le Béarnais reprit :

— « Il ne faut pas que Paris soit un cimetière,
« je ne veux pas régner sur des morts. »

Et il ajouta en souriant :

— « Je ressemble à la mère du jugement de Salo-
mon ; j'aime mieux « n'avoir pas de Paris que de
l'avoir en lambeaux. »

Cette bonté fait excuser bien des faiblesses. Campé
à l'abbaye de Montmartre, Henri IV, pour se dé-
lasser des travaux du siége, eut recours à sa récréa-
tion favorite, et l'histoire a enregistré le chapitre de
ses amours avec sœur Marie de Beauvilliers, fleur
de beauté, jeune religieuse de dix-sept ans, qu'il
trahit pour Gabrielle d'Estrées et qu'il nomma quel-
que temps après abbesse de Montmartre, pour ré-
parer autant que possible le dommage qu'il lui avait
fait et la consoler de son abandon.

STATION D'ENGHIEN.

Fashionables se rendant à Enghien.

MONTMORENCY. — ENGHIEN. — SON LAC; SON PARC ET SON BAL. — SAINT-GRATIEN. — LE MARÉCHAL DE CATINAT. — L'ERMITAGE. — LA MARQUISE D'ÉPINAY. — LA COMTESSE D'HOUDETOT. — J.-J. ROUSSEAU. — GRÉTRY.

A peine avons-nous passé la station de Saint-Denis, que nous entrons dans la vallée de Montmorency.

Le nom de Montmorency apporte à l'imagination des Parisiens les idées les plus riantes; il se présente avec tout le gracieux cortége des plaisirs champêtres : c'est le lieu de prédilection des bons bour-

geois, des petits rentiers, des commis et des gri-
settes. Une partie d'âne à Montmorency est le rêve
de l'hiver qu'ils réalisent en été. Chaque jour de
beau temps dans la belle saison, chaque dimanche
surtout, de joyeuses cavalcades, montées sur des

Les chevaux de Montmorency.

coursiers à longues oreilles, se répandent dans la
forêt de Montmorency et fatiguent les échos du bruit
de leurs ébats. Une grande fête encore est d'acheter
la récolte d'un cerisier à Montmorency, et d'aller
manger le fruit sur la branche. Tout une famille,
tout une société se campe dans l'arbre; chacun fait

son festin, et ne descend à terre que lorsqu'il ne reste plus une seule perle rouge dans le feuillage. Les cerises de Montmorency sont délicieuses, et leur renom égale celui des poires de Saint-Germain, des pêches de Montreuil et du raisin de Fontainebleau.

Le village, ou plutôt la petite ville de Montmorency, domine la vallée, et borne d'une façon pittoresque la perspective du chemin de fer. Là est le berceau de cette famille si illustre dans notre histoire, de ces vaillants seigneurs qui prirent, on ne sait trop pourquoi, le titre de premiers barons chrétiens. Le chef de cette race, celui qui porta le premier le nom de Montmorency était un certain Bouchard, surnommé le Barbu, qui possédait du chef de sa femme une forteresse dans l'île Saint-Denis. Retranché dans sa citadelle, Bouchard faisait de fréquentes excursions dans le pays; il courait les aventures de grands chemins à la tête d'une troupe de bandits, ses vassaux; arrêtant les passants, dévastant les habitations, pillant les voyageurs, et s'attaquant surtout aux propriétés de l'abbbaye de Saint-Denis, qui lui offraient une grosse pâture et un opulent butin.

Les moines, qui n'étaient pas encore de force à lutter avec un si rude adversaire, portèrent plainte au roi Robert qui leur fit justice. La forteresse de l'île Saint-Denis fut rasée; Bouchard se trouva ainsi sans domicile, sans abri, sans repaire : cette posi-

tion critique le jeta dans la voie des négociations.
Le sanglier se fit renard ; Bouchard mania si bien
la ruse que l'abbé de Saint-Denis lui céda le bien
appelé *Montmorenciacum*, avec la faculté d'y con-
struire sa forteresse.

Il est vrai que l'abbé, tout en commettant l'im-
prudence de rétablir Bouchard dans une position
redoutable, avait pris contre lui quelques précau-
tions, et avait eu soin de lier ses mains rapaces
dans le nœud des traités. — Ainsi, Bouchard devait
foi et hommage à l'abbaye ; il était tenu de s'y
rendre deux fois l'an avec ses compagnons, pour
acquitter son tribut et les sommes qu'il devait à titre
de restitution pour les dégâts et les brigandages
qu'il avait jadis exercés sur les biens des dignes
moines.

Ce Bouchard, premier sire de Montmorency, exé-
cuta, tant bien que mal, les conditions qu'il avait
souscrites, mais ses successeurs s'en affranchirent
complétement. Bouchard, quatrième du titre de seigneur de Montmorency, surpassa même son trisaïeul
dans ses invasions et ses brigandages contre les propriétés de l'abbaye. L'abbé demanda secours, et le
fils du roi Philippe Ier, le prince Louis, qui fut depuis le roi Louis le Gros, saccagea le domaine de
Montmorency, et réduisit le seigneur à l'incapacité
de nuire. Après ces temps, où la grande seigneurie
exerçait un métier de bandits, la maison de Mont-

morency, se relève, et nous voyons apparaître dans l'histoire ces nobles figures, ces vaillants capitaines, ces illustres connétables qui ont placé le nom de Montmorency à la tête de l'aristocratie française. Telle était la puissance de cette maison, que plus de six cents fiefs en relevaient. En 1551, le roi Henri II érigea la terre de Montmorency en duché-pairie, et c'était là un honneur qui était bien dû à une famille illustre à tant de titres, qui avait rendu de si grands services, qui avait occupé toutes les grandes charges de l'État, et qui comptait dans sa généalogie des connétables, des maréchaux, des amiraux, des grands maîtres, des grands chambellans, des grands panetiers et des grands bouteillers de France.

Arrêtons-nous à Enghien. — Cette station est toujours très-animée; il s'y fait un grand mouvement de voyageurs. Beaucoup de passants s'y font descendre. Il n'y a pas aux environs de la grande ville un endroit plus charmant. Le lac d'Enghien est une des merveilles de la banlieue de Paris. Autour de ce lac règne un collier de villas délicieuses, la plupart construites en forme de chalets suisses, d'autres en petites maisons gothiques, se mirant dans les eaux paisibles sur lesquelles glissent de légères et élégantes embarcations. Enghien possède des eaux minérales renommées; les baigneurs y abondent pendant l'été, et comme toutes les villes de bains, comme Bade, Spa, Ems, Vichy, Enghien est, pen-

J. OUARTLEY.

LE LAC D'ENGHIEN.

dant la saison des eaux, un séjour de plaisirs et de fêtes. On y trouve, des salons brillants, les concerts et les bals s'y succèdent sans interruption. Paris, si désœuvré, si triste pendant l'été, retrouve à Enghien l'animation et la gaieté de l'hiver.

Enghien a du monde toute la semaine; mais il y a deux grands jours, deux jours solennels, le dimanche et le mercredi, jours de fête splendide et de foule envahissante.

Le dimanche est le jour de tout le monde, le mercredi est le jour du beau monde. Le dimanche, la société est nombreuse, mêlée, bruyante dans sa joie, immodérée, dans ses ébats; le mercredi elle est élégante, choisie, recherchée dans sa parure et dans ses plaisirs. Il faut voir, le dimanche, le convoi du chemin de fer verser à la station d'Enghien des torrents de visiteurs; — il faut voir, le mercredi, les diligences et les wagons pleins de dandys et de merveilleuses en belle toilette, arrivant par livraisons de cent ou cent cinquante, qui se renouvellent pendant toute l'après-midi et toute la soirée.

Dès qu'ils ont mis pied à terre, ces visiteurs s'élancent vers le parc, vers le lac. S'ils sont venus de bonne heure, ils vont dîner à l'hôtel des Quatre-Pavillons, ou dans un autre des bons restaurants qui abondent à Enghien; — car, sous le rapport gastronomique, Enghien n'a rien à envier aux meilleurs établissements du Palais-Royal et du boulevart

DAUBIGNY.

J.QUARTLEY.

BAL D'ENGHIEN. — ENTRÉE DU PARC.

des Italiens ; ses restaurants valent le Café de Paris, Véry, les Frères Provençaux et le Café Anglais.

A la chute du jour, la foule se porte vers le parc, où l'appelle le retentissement de l'orchestre, où l'attire l'éclat des illuminations étincelantes.

Le parc d'Enghien surpasse en grandeur et en ornement les célèbres jardins de Tivoli et de Beaujon, si renommés jadis. — Mabille, le Château Rouge, le Ranelagh et la Chaumière tiendraient à l'aise dans son enceinte.

De longues allées, d'épais bosquets, de l'eau, des fleurs, des statues, une admirable salle de danse, un vaste emplacement où sont réunis des jeux de toute espèce, voilà ce qu'on trouve au parc d'Enghien.

La salle des jeux est toujours pleine d'amateurs, — ainsi que le tir au pistolet, situé à l'écart.

Dans la salle de bal, décorée avec goût, se pressent toutes les célébrités des bals champêtres, toutes les illustrations de l'été. On y voit régulièrement figurer à chaque fête les danseurs renommés et les reines de la polka, souveraines proclamées par la fantaisie de la mode et dont la royauté ne dure qu'une saison. Autour des danses se range une galerie formée par les lions du Jockey-Club et par les merveilleuses du grand monde, qu'un caprice ou une chaîne retient à Paris une partie de l'été.

On retrouve dans l'été à Enghien tous les plaisirs

SALLE DE BAL.

de l'hiver à Paris. Les concerts devront y être aussi brillants que les bals, et on le comprendra aisément quand on saura que M. Haumann, le célèbre violon, règne au parc d'Enghien et qu'il est là en qualité de propriétaire de l'entreprise et de directeur suprême des fêtes.

Le lac se prête aussi au divertissement de la foule. Sur cette magnifique pièce d'eau navigue une flottille de légères embarcations, gondoles vénitiennes glissant doucement sur l'onde paisible, au bruit des chansons. — Mais ce n'est pas seulement l'attrait de la promenade et la distraction de la pêche à la ligne que le parc d'Enghien offre aux amateurs ; — c'est aussi le spectacle des fêtes nautiques, des joutes, des combats navals et des représentations dramatiques dans l'île, qui s'élève comme une corbeille de verdure au milieu des flots.

Comme à Bade, à Ems, à Spa et dans toutes les villes de bains que la mode a prises sous sa protection souveraine, Enghien est surtout un rendez-vous de plaisirs, un lieu de délices pour les gens bien portants, mais aussi, c'est un lieu salutaire, une source de santé où les malades vont se désaltérer et se retremper.

Les eaux d'Enghien sont excellentes pour toutes les maladies qui tiennent à l'organisation particulière des femmes ; — elles agissent victorieusement contre les douleurs rhumatismales : telles sont leurs

DAUBIGNY.   C. OSARTLEY.

VUE GÉNÉRALE DE MONTMORENCY.

principales vertus, auxquelles il faut en ajouter encore quelques autres.

Ces vertus sont si bien reconnues, si dignement appréciées, que l'on compte cette année dix-huit cents baigneurs aux eaux d'Enghien. Certes, voilà un beau chiffre, qui en dit plus que tous les éloges ! — Tous ces baigneurs ne sont pas logés à Enghien, mais tous sont répandus dans la vallée de *Montmorency*; ils habitent les délicieuses maisons de campagne et les riants villages de cette contrée fortunée, où la nature a prodigué ses grâces.

Combien de charmants souvenirs se rattachent à la vallée de Montmorency ! Chaque village, chaque maison, chaque bosquet de ce délicieux pays a son histoire à raconter. Partout on rencontre la trace d'un personnage célèbre et la mémoire de quelques aventures gracieuses ou touchantes. Et quels noms charmants que ceux des villages de cette vallée ! Saint Gratien, Eaubonne, Épinay, Saint-Leu, Ermont, Andilly, riants séjours, douces retraites chères aux poëtes, aux philosophes et aux amoureux.

A Saint-Gratien vous retrouvez encore à chaque pas le souvenir d'un illustre guerrier, soldat de fortune qui devint maréchal de France dans un temps où le mérite, sans naissance, avait tant de peine à parvenir. Le maréchal de Catinat fut seigneur de Saint Gratien, et ce fut là qu'il se retira quand l'âge du repos lui fit quiter les armes. Les habitants de

la vallée trouvèrent un bienfaiteur dans ce guerrier
philosophe que ses soldats avaient surnommé : le
Père la Pensée. — C'est sous les ombrages de Saint-
Gratien qu'il promenait les méditations de sa sagesse. Jamais la fortune ne trouva un de ses élus
plus simple et plus modeste. Catinat ne voulut accep-
ter qu'une portion des grandeurs offertes à son
mérite. Il refusa d'être chevalier des ordres du roi
pour ne pas être obligé de se prêter au mensonge
d'une généalogie appropriée à cette haute distinc-
tion. — « A aucun prix , dit-il, je ne consentirai à
renier mes aïeux roturiers. » — Catinat mourut à
Saint-Gratien en 1712. L'académie proposa son
éloge pour sujet du concours d'éloquence, et ce fut
La Harpe qui remporta le prix. Le tombeau du maréchal est dans l'église de Saint-Gratien. Un orme,
planté par Catinat, est encore debout près du château qu'habita l'illustre guerrier.

Vers la fin du siècle dernier, Montmorency fut le
séjour d'une société de beaux esprits, d'hommes
aimables, de femmes charmantes. Sous ce rapport,
la délicieuse vallée rivalisait avec le village d'Auteuil
qu'habitèrent tant de personnages célèbres. Mais ce
n'étaient pas ces illustres fous, compagnons de Boi-
leau, qui se grisaient comme des lansquenets, et
qui, ayant le vin funèbre, s'en allaient en trébu-
chant vers la Seine pour s'y noyer; ce qu'ils eussent fait si l'un d'eux n'avait conservé l'éclair de

raison suffisant pour faire échouer le projet sur la berge. Non. Les hôtes lettrés de Montmorency étaient des gens de meilleur goût, plus fins et plus délicats dans leur intempérance, moins tragiques dans leurs folies, si l'on en excepte toutefois ce fou ténébreux qu'on appelait Jean-Jacques-Rousseau.

Deux femmes aussi distinguées par les grâces de leur personne que par le charme de leur esprit, deux sœurs, la marquise d'Épinay et la comtesse d'Houdetot, réunissaient autour d'elles tout ce que le monde littéraire comptait alors de plus brillant : le spirituel baron de Grimm, le piquant chroniqueur de l'époque; — l'aimable poëte Saint-Lambert, gentilhomme de plume et d'épée;—d'Alembert, le chansonnier Laujon, et tant d'autres. Il y avait aussi le maréchal et la maréchale de Luxembourg, celle que Tressan a immortalisée par un quatrain galant, alors qu'elle se nommait, d'un premier ménage, la marquise de Boufflers. Toute cette société vivait dans la meilleure intelligence et dans un commerce orné par la politesse et animé par le plaisir; aucun nuage n'avait troublé cet agréable séjour, lorsque Rousseau s'y présenta.

Jean-Jacques Rousseau apporta parmi les hôtes de Montmorency l'éclat de la renommée et les lumières de son génie; mais aussi il y apporta le malaise et le trouble que répandent autour d'eux les esprits inquiets, les caractères mal faits, les sombres humoristes. Jean-Jacques était un grand homme pétri de défauts, un philosophe insociable, un glorieux mécontent, un faux bonhomme hérissé d'orgueil, avide de l'attention publique et l'appelant par tous les moyens, par la bizarrerie du costume, par la hardiesse des opinions, par la brutale franchise des discours; ce fut Mme d'Épinay qui l'accueillit à Montmorency et qui fit arranger pour lui le pavillon de l'Ermitage, que Rousseau a rendu si célèbre. Encore debout aujourd'hui, le pavillon de l'Ermitage dépendait du château de la Chevrette, appartenant à Mme d'Épinay. Rousseau trouva là tout ce qui peut embellir la retraite d'un sage, le calme favorable à l'étude, une aimable société qui lui offrait les plus nobles délassements de l'esprit. Il y eût été tranquille et heureux si la paix et le bonheur eussent été possibles à cette nature inquiète et indisciplinée. Mais ses mauvaises passions prirent bientôt le dessus; il fut ingrat envers Mme d'Épinay, et comme Rousseau ne faisait rien à demi, il poussa l'ingratitude jusqu'au cynisme. Ce fut alors qu'il quitta l'Ermitage, mais non pas la vallée de Montmorency, et qu'il alla habiter Montlouis, non loin de la résidence qu'il abandonnait.

L'Ermitage et Mont-Louis attirent la curiosité des promeneurs de Montmorency. C'est là qu'ils vont chercher les souvenirs les plus éclatants de la vallée. A l'Ermitage, Rousseau composa la *Nouvelle*

Héloïse, à Mont-Louis, il écrivit *Émile* et le *Contrat Social*. Les deux maisons sont parées d'inscriptions qui rappellent ces titres de gloire, et qui sont pour l'Ermitage et pour Mont-Louis de véritables titres de noblesse. Ces inscriptions furent dictées par les deux femmes qui firent à Rousseau tant de bien si mal récompensé, madame d'Épinay et madame d'Houdetot. — Madame d'Épinay avait fait pour Rousseau, d'une masure tombant en ruines, l'Ermitage tel qu'il est aujourd'hui; elle lui avait prodigué tous les soins d'une hospitalité délicate et généreuse; madame d'Houdetot avait écouté sans impatience et avec une consolante bonté les égarements de la folle passion qu'elle lui avait inspirée. De part et d'autre il n'avait trouvé qu'indulgence pour ses faiblesses. Sa sauvagerie, son ingratitude, ternirent un instant la sérénité des deux cercles d'amis qui se réunissaient, l'un au château de la Chevrette, chez madame d'Épinay, l'autre à Sannois, chez madame d'Houdetot. Mais c'étaient là des gens trop aimables pour se préoccuper longtemps d'une pensée chagrine. Ils avaient tout ce qu'il faut pour se distraire et pour oublier un fâcheux; ils avaient les plaisirs de l'esprit et les jouissances du cœur. Vivant au milieu d'une société d'écrivains distingués, madame d'Épinay ne put se défendre de la contagion littéraire. Elle composa *Les Conversations d'Émilie*, pour sa petite fille, mademoiselle de

Belzunce, et cet ouvrage obt'nt, en 1783, le prix
fondé par M. de Monthyon, alors chancelier du
comte d'Artois. Mme d'Épinay eut la gloire de l'em-
porter dans ce concours sur madame de Genlis, qui,
dès ce temps-là, commençait à être fort à la mode.

Madame d'Houdetot n'écrivait pas; elle se con-
tentait d'aimer la poésie dans la personne de Saint-
Lambert, le chantre des *Saisons.* C'était la femme
la plus aimable et la plus spirituelle du monde. Elle
avait, dans le sentiment et dans la gaieté, des mots
charmants. Un des chagrins de sa vieillesse fut la
mort de sa belle-fille, héritière de son nom et de
ses grâces, qui mourut à Sannois, d'une maladie de
poitrine, à la fleur de la jeunesse, et qui, dans ses
derniers jours, fit cette réponse touchante à quel-
qu'un qui, la voyant triste, lui demandait :

— A quoi pensez-vous?

— Je me regrette, répondit-elle.

Saint-Lambert avait sa maison à Eaubonne, près
du village de Sannois, qu'habitait madame d'Houdetot. Leur liaison dura cinquante ans; elle fut
sanctifiée par un demi-siècle de fidélité. Madame
d'Houdetot fut la dernière Muse de Saint-Lambert,
qui avait chanté madame du Châtelet et madame de
Boufflers, sous les noms de Doris et de Thémire.
Il abandonna la carrière des armes, où l'attendait
une brillante fortune, pour se réfugier dans sa charmante retraite de la vallée de Montmorency, et s'a-

bandonner tout entier aux douces occupations du cœur et de l'esprit, à l'amour et à la poésie. Où serait le bonheur, s'il n'était là ! Marmontel, dans ses Mémoires, appelle Saint-Lambert le sage d'Eaubonne. C'était une sagesse riante et couronnée de fleurs. Cependant ce sage, ce poëte, cet amant fidèle, a trouvé des détracteurs nombreux. Madame du Deffand disait qu'il était froid, fade et faux. Walpole le trouvait prétentieux, et disait de ses ouvrages que c'était l'Arcadie encyclopédique. D'autres, de ses contemporains, lui reprochaient une humeur difficile, acariâtre, qui exerçait péniblement la patience de madame d'Houdetot. Ce furent peut-être là les défauts d'une vieillesse qui regrettait le passé et qui supportait amèrement les infirmités de l'âge. La santé chancelante de Saint-Lambert exigeait de grands ménagements ; madame d'Houdetot maintenait sévèrement le régime ordonné par les médecins, et Saint-Lambert appelait cette excellente amie — le ministre de ses privations.

Malgré ses défauts, Saint-Lambert avait de nombreux amis. Sa maison d'Eaubonne était le rendez-vous des philosophes et des encyclopédistes, dont il se montrait, en toute circonstance, le chaud partisan et le protecteur dévoué. Il avait été nommé de l'Académie, où il remplaça l'abbé Trublet en 1770, et dès qu'il fit partie de cette illustre compagnie, tous ses efforts tendirent à y faire entrer ses amis. Eau-

bonne devint alors le rendez-vous de tous les aspi-
rants à l'immortalité. Saint-Lambert avait du crédit
parmi ses collègues, et parmi les candidats qu'il fit
arriver au fauteuil, nous citerons La Harpe et Suard.

Bien que le souvenir de Rousseau domine à l'Ermitage, d'autres célébrités ont habité cette résidence.

A l'époque de la révolution, la terre de la Chevrette et ses dépendances, qui appartenaient alors
à M. de Belzunce, gendre de madame d'Épinay, furent confisquées par le gouvernement républicain,
et devinrent propriétés nationales.

Regnauld de Saint-Jean-d'Angély occupait la retraite de Rousseau, lorsque Robespierre eut la fantaisie de disposer de l'Ermitage. On résistait peu en
ce temps-là aux fantaisies de Robespierre. Regnauld se hâta de déménager, et Robespierre prit
possession de cette demeure, où il ne séjourna qu'une
seule nuit, — la nuit du 6 au 7 thermidor de
l'an xi (1793); et cette nuit fut consacrée à dresser
la liste de proscription du canton de Montmorency.

Quatre ans plus tard, Grétry acheta l'Ermitage,
au prix de dix mille francs, et il résolut d'y finir sa
vie. Il avait alors soixante ans.

Ce n'était pourtant pas le culte de la mémoire de
Rousseau qui avait décidé Grétry à choisir l'Ermitage
pour le dernier gîte de sa vieillesse. Grétry s'était
fait l'ennemi de Rousseau dans une circonstance
assez singulière et par un motif fort étrange. L'il-

lustre philosophe avait le caractère si mal fait qu'il ne pouvait souffrir un service, et qu'il se fâchait sérieusement contre ceux qui lui en rendaient. Un jour, se promenant dans la vallée de Montmorency, Grétry rencontra Rousseau embarrassé dans un passage difficile qu'il ne pouvait franchir. Grétry tendit la main à Rousseau pour le soutenir et l'aider dans ce mauvais pas. Le philosophe lui jeta un regard farouche, refusa la main bienveillante qu'on lui offrait, et voua dès ce moment à Grétry une inimitié profonde et irréconciliable.

C'est à l'Ermitage de Montmorency que Grétry écrivit ces lignes empreintes d'un naïf amour-propre, bien pardonnable chez un homme de ce talent, et renfermant une leçon dont pourraient profiter la plupart des compositeurs de notre temps, si amoureux du bruit mélodique et des effets à grand fracas.

« Ma musique, — écrivait Grétry, — n'est pas aussi énergique que celle de Gluck ; mais je la « crois la plus vraie de toutes les compositions dra- « matiques : elle dit juste les paroles suivant leur « déclamation locale. Je n'ai pas exalté les têtes par « un superlatif tragique, mais j'ai révélé l'accent « de la vérité, que j'ai enfoncé plus avant dans le « cœur des hommes. »

Grétry mourut à l'Ermitage, le 24 septembre 1813. — On a conservé longtemps et l'on conserve encore dans ce lieu de nombreuses reliques des deux

hommes éminents qui l'ont habité. Tout est pré-
cieux dans les objets qui ont appartenu à un grand
homme, qui ont servi à son habituel. Les Parisiens,
plus que tout autre peuple, ont cette religion et ce
culte des reliques de la gloire. Les pèlerins de la vallée
de Montmorency ne manquent jamais d'aller frapper
à la porte de l'Ermitage pour contempler et pour
toucher les meubles de J.-J. Rousseau et de Grétry,
de même que les voyageurs qui vont à Genève ne
manquent pas de se rendre au château de Ferney,
pieusement conservé dans l'état où l'a laissé Voltaire.

Kiosque dans le parc d'Enghien

TABLE.

IMPRIMERIE CLAYE ET TAILLEFER, 7 RUE SAINT-BENOÎT.

ITINÉRAIRES-BOURDIN

GUIDES HISTORIQUES

DES

CHEMINS DE FER DE FRANCE.

VOYAGE DE PARIS A LA MER,

Par J. Janin. Description historique des villes, bourgs, villages et hameaux sur le parcours du Chemin de Fer de Paris au Havre et des *Bords de la Seine;* illustré par Morel-Fatio et Daubigny, accompagné de Cartes et Plans dressés par P. Tardieu. 1 vol. grand in-18. 3 fr.

VOYAGE DE PARIS A TOURS,

Description historique et pittoresque des villes, bourgs, villages et sites sur le parcours du Chemin de Fer de Paris à Orléans et d'Orléans à Tours, avec embranchement sur *Corbeil* ; illustré par Champin et Jules Noël, avec Cartes et Plans gravés par P. Tardieu. 1 vol. grand in-18. 2 fr.

GUIDE DU VOYAGEUR

De Paris a la mer *par le Chemin de Fer de Paris à Rouen et de Rouen au Havre*, illustré d'un grand nombre de Vues, Cartes et Plans. 1 vol. grand in-18. 2 fr.

GUIDE DU CHEMIN DE FER

De Paris à Rouen. . . . . » 50
De Paris au Havre par le Chemin de Fer. . . . . . . 1 »

GUIDE DU CHEMIN DE FER

De Paris à Corbeil et Étampes. . . . . » 50
De Paris à Orléans. . . . . 1 »
De Paris à Tours. 1 50
De Paris à Bourges. 1 50

Sous presse, pour paraître très-prochainement :

Voyage de Paris à Bruxelles, PAR EUGÈNE GUINOT.	**Voyage** sur les bords du Rhin, PAR EUGÈNE GUINOT.

Promenade à Enghien
et dans la vallée de Montmorency
PAR EUGÈNE GUINOT. — Prix : 50 c.

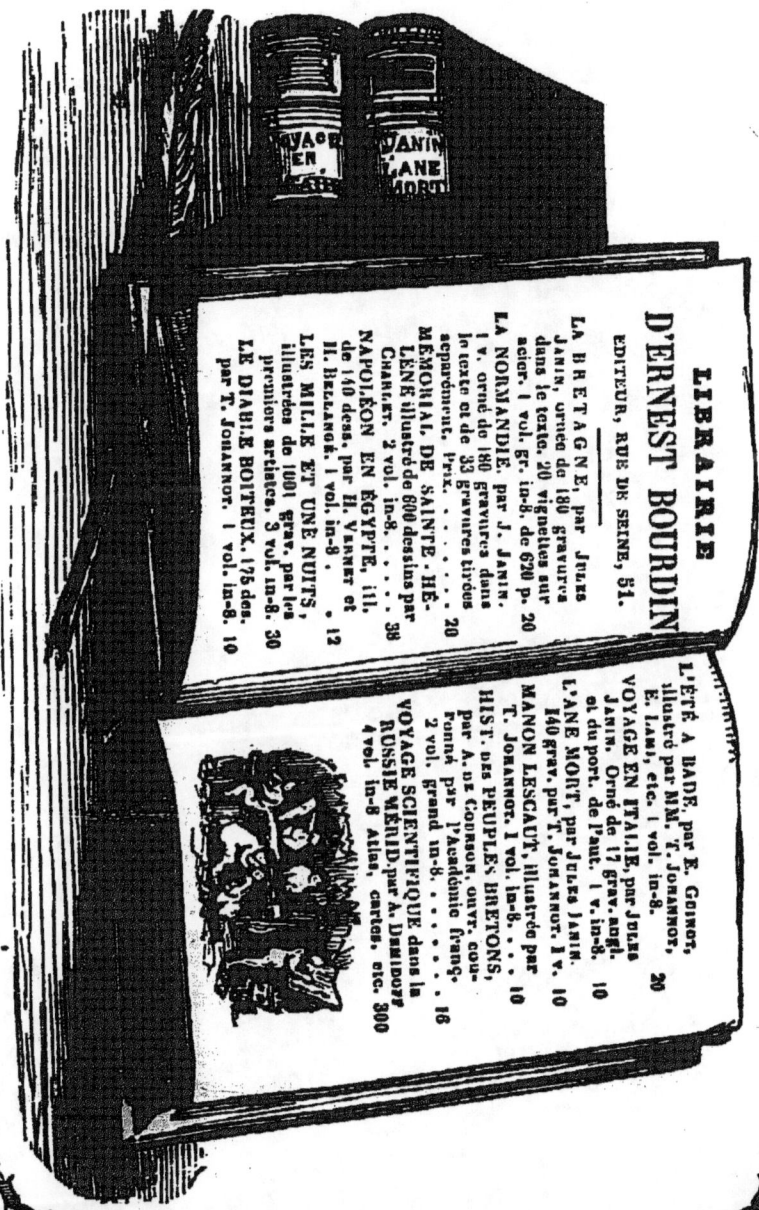

www.ingramcontent.com/pod-product-compliance
Lightning Source LLC
LaVergne TN
LVHW022037080426
835513LV00009B/1098